Weihnachts-plätzchen

AUTORIN: CHRISTINA KEMPE
FOTOS: FOODARTFACTORY OHG,
KLAUS-MARIA EINWANGER, MICHAEL PANNEWITZ

Praxistipps

Extra

Rezepte

Das richtige Handwerkszeug

Wer selten Plätzchen bäckt, kommt gut mit den Basis-Geräten zurecht, die im Haus sind. Heizen Sie den Ofen öfter an, lohnt sich die Anschaffung zusätzlicher Back-Utensilien.

Die Grundausstattung

Einen großen **Topf** fürs heiße Wasserbad und einen kleinen, in dem Butter geschmolzen werden kann, hat jeder. Genauso ein paar **Tee-** und **Esslöffel**, die zum Abmessen kleiner Mengen und zum Rühren gut sind. Auch ein großes schweres **Messer** fürs Hacken und ein kleines zum Kleinschneiden liegen in den meisten Küchenschubladen. Dazu hat jeder Ofen sein **Backblech** beim Kauf dabei.

Was außerdem unbedingt noch da sein sollte, ist ein schweres **Nudelholz** (auch Teigrolle), das beim Ausrollen des Teiges ausreichend Druck macht. Hat es abnehmbare Griffe, können Sie auf dem Blech den Teig bis an den Rand rollen. Ist es kugelgelagert, gleitet es fast von selbst über den Teig. Einige **Schüsseln** in unterschiedlichen Größen gehören auch zur guten Basis-Ausstattung. In einer großen können Sie den Teig rühren oder Schaummassen schlagen, in kleineren Schüsseln abgemessene Zutaten »lagern«. Schüsseln aus Metall eignen sich besonders gut. Sie sind sehr stabil, lange haltbar und leiten auch die Wärme bestens weiter, zum Beispiel wenn sie im heißen Wasserbad im Topf hängen. Ein **Schneebesen** der klassischen Art (die am Stiel befestigten Edelstahlschlingen sind kräftig, aber elastisch) ist gut zum Unterheben von Mehl, Nüssen & Co. unter schaumige Massen.

Ein absolutes Muss ist das elektrische **Handrührgerät** mit Knethaken und Schneebesen, die beim Kneten fester Teige und Schlagen schaumiger Massen zum Einsatz kommen. Der Elektro-**Blitzhacker** ist ein wahres Genie, wenn es ums Zerkleinern von Zutaten geht. Nüsse können gemahlen, getrocknete Früchte und Schokoladen gehackt werden, um nur ein paar Beispiele zu nennen. Eine exakt messende **Küchenwaage** (am besten digital und mit Zumessfunktion) macht das Abwiegen vor allem von festen Zutaten zur haargenauen Sache, was gerade fürs Gelingen von Backwerk besonders wichtig ist. Ein **Messbecher** mit feiner Einteilung dient zur präzisen Dosierung von Flüssigkeiten.

Mit einem **Backpinsel** mit Natur- oder Kunsthaar bestreichen Sie Plätzchen mit Puderzuckerglasur, Schokolade oder Konfitüre. Die Pinsel aus Silikon sind in diesem Fall nicht so gut geeignet, da diese gerne Rillen hinterlassen und so Schokolade z. B. nicht gleichmäßig verläuft. Backbleche können natürlich auch mit dem Pinsel eingefettet werden, das mit einer speziellen Imprägnierung versehene **Back(trenn)papier** ist hierfür allerdings die bessere Wahl. Das Blech ist schnell damit ausgelegt und wird nicht fettig, das Spülen kann oft entfallen. Ist das Papier nicht arg verkrustet, darf es auch mehrmals in den Ofen. Perfekt ist es auch als Unterlage, wenn Plätzchen mit Schokolade verziert oder Pralinen geformt werden. **Alu-** und **Frischhaltefolie** sollten auch in der Schublade liegen. In Klarsichtfolie ruht der Teig, und mit einem mehrfach gefalteten Streifen Alufolie können Sie das Blechblech auf die benötigte Größe verkleinern.

Verschiedene Spritzbeutel

Backpapier und Backmatte

Formgeber aller Art

Extras, die sich lohnen

Einen **Spritzbeutel** brauchen Sie vor allem für die Herstellung von Spritzgebäck. Optimal sind beschichtete Stoffbeutel, die sich auskochen lassen. Dazu gehören **Stern-** und **Lochtüllen** in diversen Größen (je zwei wären prima: 5 mm und 10 mm ∅, es dürfen aber gerne noch mehr sein). Der Einweg-Spritzbeutel aus Plastikfolie dient als Ersatz für den Beutel aus Stoff, ist sogar besser geeignet, wenn geschmolzene Kuvertüre oder eine Glasur in feinen Linien auf die Plätzchen gegeben werden soll. Mit einem elastischen **Teigschaber** aus Plastik befördern Sie auch den letzten Teigrest aus der Rührschüssel auf das Blech oder in den Spritzbeutel. Mit umgedrehten Gläsern oder Bechern können Sie Plätzchen ebenso gut ausstechen wie mit richtigen **Ausstechformen**. Allerdings ist hier das Angebot an unterschiedlichen Motiven enorm und für jeden Geschmack ist bestimmt etwas dabei. Grundausstattung: Sterne, Herzen, Kreise mit glattem und gewelltem Rand. Die Formen aus Metall haben schärfere Kanten als solche aus Plastik und durchtrennen den Teig besser. Eine **Palette** aus Stahl mit langem, glattem und elastischem Blatt ist die erste Wahl, wenn es darum geht, Mürbeteig zu hacken, ausgerollten Teig von der Arbeitsplatte abzulösen und die ausgestochenen Plätzchen von dort aufs Blech zu befördern. Auf einem **Kuchengitter** dürfen diese dann ohne Schwitzen, Nachbräunen und Klebrigwerden auskühlen. Engmaschigen Modellen den Vorzug geben, da hier die Plätzchen nicht durchrutschen und guten Halt finden.

Etwas für Backliebhaber

Wenn Sie ein echter Back-Freak sind, leistet Ihnen eine rutschfeste **Multiflex-Backmatte** aus silikonbeschichtetem Glasfibergewebe gute Dienste. Auf ihr können Sie Teig ausrollen, ohne dass er anhängt, Sie können sie statt Backpapier verwenden und sogar in den Tiefkühler legen (–50° bis +250° hält sie aus). **Schlagkessel** mit gewölbtem Boden (meistens aus Edelstahl, aber auch aus Kupfer) und passendem Stellring ermöglichen das problemlose Aufschlagen von Baisermassen. Und wer seinen Plätzchen eine ganz persönliche Note verleihen möchte, stempelt ihnen mit einem **Text-Prägeset** eine Botschaft ein. Stempel als Buchstaben, Ziffern und Sonderzeichen können beliebig in eine Aufnahmeschiene gesteckt und dann in den Teig gedrückt werden (bei www.tortissimo.de).

Ohne sie läuft nichts – die wichtigsten Backzutaten

Mehl & Co.

Butter und Eier

Süßungsmittel

Weizenmehl mit der Type 405 ist die Nr. 1 beim Plätzchenbacken. Aufgrund des hohen Kleber- und Stärkegehalts können Sie mit diesem weißen Auszugsmehl (gibt es in jedem Supermarkt) elastische Teige kneten, aus denen ein feinporiges und lockeres Gebäck entsteht. Mehle mit höherer Typenzahl enthalten noch Anteile der Getreidehülle und des -keimes und sind dunkler, nährstoff- und ballaststoffreicher als ihr heller Kollege. Gut zum Plätzchenbacken sind etwa dunkleres Weizenmehl Type 1050 und Weizenvollkornmehl. Doppelgriffiges Mehl (Wiener Grießler; hat eine etwas gröbere Körnung, nimmt Flüssigkeit langsamer, dafür gleichmäßiger auf) gibt dem Teig eine spezielle Note. Ungewöhnliche Alternative: **Hartweizengrieß** (muss aber mit Mehl gemischt werden, damit eine gute Bindung entsteht). **Speisestärke**, aus Mais, Weizen oder Kartoffeln gewonnen, dient eher zur Verdickung und wird in geringen Mengen verwendet.

Eier spielen in Sachen Teig eine ebenso wichtige Rolle. Eigelb macht das Gebäck saftig und feinporig, gibt ihm eine schöne Farbe und sorgt für die Bräunung. Das Eiweiß ist zuständig für die Luftigkeit. Wichtig: Immer frische Eier nehmen! In allen Rezepten in diesem Buch werden Eier der Größe M verwendet. **Butter** macht den Teig gut formbar und die Plätzchen mürber, und sie sorgt für einen zarten Biss.

Ihre Süße erhalten die Kekse hauptsächlich durch **raffinierten Zucker** (beste Qualität) oder **Haushaltszucker** (auch Weißzucker; preiswert, da weniger rein). Beide gibt es in verschiedenen Korngrößen, die jeder Hersteller auf der Packung anders deklariert. Optimal für Plätzchenteige und -massen: feinster sowie sehr feiner Zucker. Feinst vermahlen steht er als **Puderzucker** im Regal. Brauner **Roh(rohr)-zucker** und der noch dunklere **Voll(rohr)zucker** geben dem Gebäck einen karamellartigen Geschmack und liefern zudem noch ein paar Mineralstoffe. **Honig** süßt fein und verleiht gleichzeitig dem Gebäck durch sein Aroma (je dunkler die Farbe, desto intensiver das Aroma) Charakter. **Dicksäfte** (zum Beispiel Agavendicksaft), durch das Eindampfen des Fruchtsafts hergestellt, süßen ebenfalls.

Backpulver ist das wichtigste Backtriebmittel, es macht das Gebäck herrlich locker. Hirschhornsalz und Pottasche nimmt man bei säurehaltigen Teigen, die flach backen, wie bei Lebkuchen. Hefe sorgt bei größerem Gebäck wie beim Stollen für Volumen.

Gewürze & Aromen Vanille (getrocknete, gemahlene Schote oder das Mark) verleiht ein feines, leicht süßliches Aroma. Preiswerter Ersatz: künstliches Vanillearoma aus dem Tütchen oder Fläschchen. Safran, Zimt, Gewürznelke, Kardamom, Muskatnuss, Anis, Piment – hauptsächlich gemahlen, teilweise auch schon gemischt wie das Lebkuchengewürz – gehören genauso in die Backstube wie fertig abgeriebene Orangen- oder Zitronenschale aus dem Tütchen sowie Vanille- oder Vanillinzucker.

Gewürze & Aromen

Früchte, Nüsse und Schokolade

Früchte, Nüsse & Schokolade Sultaninen, Korinthen, Datteln, Feigen, Aprikosen, Orangeat, Zitronat und andere getrocknete oder kandierte Früchte krönen so manches Weihnachtsgebäck. Aber auch ohne Mandeln, Haselnüsse, Walnüsse und Konsorten läuft hier nichts. Ebenso wenig kommt man ohne Schokolade und Kuvertüre (gibt es in Zartbitter, Vollmilch und Weiß) und Kakaopulver aus.

Fertigprodukte

Backfertigprodukte wie Marzipanrohmasse (mit Zucker geriebene, geröstete Mandeln, mit Puderzucker verknetet), Nougatmasse (Nüsse, Zucker und Kakao fein zerkleinert), Oblaten (aus Stärke und Wasser hergestellt) oder backfertige Mohn- oder Nussmischungen gehören unbedingt ins eigene Backsortiment.

Es darf geknetet werden!

Das Geheimnis des Mürbeteigs liegt in der reichlich enthaltenen Butter. Sie spielt hier die Hauptrolle. Macht sie dann mit all den anderen Zutaten gemeinsame Sache, entstehen unglaublich zarte Plätzchen, die nach dem ersten Biss willenlos machen. Knackige Nüsse mit zartem Schmelz – wie hier – tun ihr Bestes dazu.

Karamellisierte Macadamia-Taler

180 g geröstete, leicht gesalzene oder ungesalzene Macadamia-Nusskerne
100 g Mehl
50 g kalte Butter
2 Pck. Vanillezucker
1 Ei (Größe M)
feinster Zucker zum Bestreuen

Für ca. 25 Stück | 30 Min. Zubereitungszeit, 1 Std. Kühlen, 5 Min. Backen pro Blech
Pro Stück ca. 85 kcal, 1 g EW, 7 g F, 4 g KH

1 125 g Macadamia-Nüsse sehr fein hacken. Mit Mehl, Butter in kleinen Flöckchen, Vanillezucker und dem Ei rasch zu einem Mürbeteig verkneten. In Folie wickeln, 1 Std. kühlen.

2 Den Backofen auf 225° (Umluft 200°) vorheizen. Das Backblech mit Backpapier auslegen. Den Teig auf der bemehlten Arbeitsfläche 2–3 mm dick ausrollen. Mit einem runden Ausstecher (5–6 cm ∅) Plätzchen ausstechen.

3 Die Plätzchen auf das Blech legen und jeweils 1 von den übrigen Nüssen fest in die Mitte drücken. Dann dünn mit dem feinsten Zucker bestreuen. Im Ofen (zweite Schiene von oben) in 4–5 Min. karamellisieren und goldbraun backen.

Grundrezept Mürbeteig

Mürbe Sternchen

Plätzchen aus Mürbeteig sind echte Klassiker, sie fehlen so gut wie in keiner weihnachtlichen Keksdose. Hier die um- und ausbaufähige Standardversion.

300 g Mehl
200 g kalte Butter
100 g Zucker
1 Ei (Größe M)
1 Prise Salz
1 große Bio-Zitrone
etwa 250 g Puderzucker
Lebensmittelfarbe nach Belieben

Für ca. 80 Stück | 50 Min. Zubereitungszeit, 1 Std. Kühlen, 10–15 Min. Backen pro Blech
Pro Stück ca. 50 kcal, 1 g EW, 2 g F, 7 g KH

1 Das Mehl auf die Arbeitsfläche häufen, in die Mitte eine Mulde drücken. Am Rand die Butter in kleinen Flöckchen und den Zucker verteilen. Das Ei und das Salz in die Mulde geben. Die Zitrone heiß waschen, etwas Schale fein über das Mehl reiben. Den Saft auspressen und beiseite stellen.

2 Jetzt alles mit einer Palette oder dem Messer gut durchhacken, so dass Butter und Ei gleichmäßig verteilt werden (Bild 1). Dann alles mit den Händen zuerst zu feineren Bröseln reiben, anschließend rasch zu einem glatten Mürbeteig verkneten. In Folie wickeln, etwa 1 Std. in den Kühlschrank legen.

3 Den Backofen auf 175° (Umluft 150°) vorheizen. Das Backblech mit Backpapier auslegen. Den Teig portionsweise auf einer leicht bemehlten Arbeitsfläche etwa 1/2 cm dick ausrollen. Mit Ausstechern Sterne in verschiedenen Größen ausstechen. Nach und nach auf das Blech legen und im Ofen (Mitte) in 10–15 Min. goldgelb backen. Auf einem Kuchengitter auskühlen lassen.

4 Den Zitronensaft (5 EL) mit 200 g Puderzucker zu einem Guss verrühren. Davon 4–5 EL abnehmen, mit dem übrigen Puderzucker zu einer dicklichen, spritzfähigen Masse verrühren und in einen kleinen Gefrierbeutel oder ein Papiertütchen füllen, gut verschließen (Bild 2). Den Guss nach Belieben mit Lebensmittelfarbe in Pastelltönen einfärben.

5 Den Guss mit einem Backpinsel auf die Plätzchen streichen, trocknen lassen. Dann von dem Gefrierbeutel eine winzige Ecke abschneiden und die mürben Sternchen mit der weißen Masse nach Belieben verzieren, etwa kleine Sternchen, feine Linien oder Pünktchen aufmalen (Bild 3).

TIPP – KLEINES MÜRBETEIG-EINMALEINS

Je mehr kalte Butter in den Teig kommt, desto mehr macht er seinem Namen Ehre. Ist viel Zucker enthalten, bräunt der Teig rasch (auf Backzeit und -temperatur achten!). Ist der Zucker recht grob, brechen die Plätzchen schnell und bekommen braune Punkte. Deswegen möglichst feinen Haushaltszucker oder feinsten Zucker nehmen. Mit Ei lässt sich der Teig leichter kneten, da die Zutaten besser zusammengehalten werden. Nur mit Eiweiß werden die Kekse knuspriger, mit Eigelb mürber. Mit dem hier beschriebenen 1-2-3-Mürbeteig (das Standard-Grundrezept mit 1 Teil Zucker, 2 Teilen Butter, 3 Teilen Mehl) liegen Sie in der goldenen Mitte.

1

2

3

Mürbes very british

Geminzte Ecken

150 g Mehl | 50 g gemahlene gehäutete Mandeln | 150 g kalte Butter | 50 g Zucker | 12 sehr dünne Pfefferminzpralinen (z. B. After eight)

Für ca. 40 Stück | ⌚ 20 Min. Zubereitungszeit, 1 Std. Kühlen, 20 Min. Backen
Pro Stück ca. 65 kcal, 1 g EW, 4 g F, 6 g KH

1 Aus Mehl, Mandeln, Butter in kleinen Flöckchen und Zucker rasch einen Mürbeteig kneten. In Folie wickeln, 1 Std. kühlen.

2 Backofen auf 175° (Umluft 150°) vorheizen. Backblech mit Backpapier auslegen. Teig auf dem Blech zum Rechteck (ca. 30 x 35 cm) auswellen. Auf eine Hälfte Pralinen verteilen, andere Teighälfte mit Hilfe des Papiers darüber klappen, Ränder zusammendrücken. Im Ofen (Mitte) etwa 20 Min. backen. Etwas abkühlen lassen, dann in Rauten schneiden.

süßer Purismus

Marzipan-Rondons

1 Ei (Größe M) | 200 g Mehl | 80 g kalte Butter | 80 g Puderzucker | 1 Prise Salz | 300 g Marzipanrohmasse

Für ca. 45 Stück | ⌚ 1 Std. Zubereitungszeit, 1 Std. Kühlen, 10 Min. Backen pro Blech
Pro Stück ca. 60 kcal, 1 g EW, 3 g F, 7 g KH

1 Das Ei trennen. Aus Mehl, Butter in kleinen Flöckchen, 60 g Zucker, Eiweiß und Salz rasch einen Mürbeteig kneten. In Folie wickeln, 1 Std. kühlen.

2 Backofen auf 175° (Umluft 150°) vorheizen. Backblech mit Backpapier auslegen. Teig auf bemehlter Arbeitsfläche 1/2 cm dick auswellen, Kreise (5 cm ∅) ausstechen. Marzipan dünn auswellen (die Arbeitsfläche mit übrigem Puderzucker bestreuen) und in etwa 1/2 cm breite Streifen schneiden. Teigkreise mit Eigelb bepinseln, die Marzipanstreifen gitterartig auflegen. Im Ofen (Mitte) 8–10 Min. backen.

fruchtiger Freundschaftsbeweis

Ingwer-Limetten-Herzen

2 kleine Bio-Limetten | 1 Stück frischer Ingwer (2 cm) | 300 g Mehl | 150 g kalte Butter | 100 g Zucker | 1 Eigelb (Größe M) | 300 g Limetten-Ingwer-Konfitüre (ersatzweise Orangenmarmelade | Puderzucker zum Bestäuben

Für ca. 35 Stück | 50 Min. Zubereitungszeit, 1 Std. Kühlen, 15 Min. Backen pro Blech
Pro Stück ca. 95 kcal, 1 g EW, 4 g F, 15 g KH

1 Limetten heiß waschen, Schale fein abreiben, Saft auspressen. Ingwer schälen und fein reiben. Alles mit Mehl, Butter, Zucker und Eigelb zum Mürbeteig verkneten. In Folie wickeln, 1 Std. kühlen. Backofen auf 175° (Umluft 150°) vorheizen. Backblech mit Backpapier auslegen. Teig dünn ausrollen, Herzen ausstechen. Aus der Hälfte kleinere Herzen ausstechen. Im Ofen (Mitte) 15 Min. backen. Konfitüre erhitzen, ganze Herzen damit bestreichen. Herzen mit Loch darauf setzen, mit Puderzucker bestäuben.

Vorsicht! Suchtgefahr ...

Schokostangen

je 150 g Vollmilch-, Zartbitter- und weiße Kuvertüre | 200 g Mehl | 150 g kalte Butter | 50 g Zucker | 1 Eigelb (Größe M)

Für ca. 40 Stück | 1 1/4 Std. Zubereitungszeit, 1 Std. Kühlen, 15 Min. Backen pro Blech
Pro Stück ca. 110 kcal, 2 g EW, 7 g F, 11 g KH

1 Kuvertüren getrennt grob hacken und im Blitzhacker fein zerkleinern. 50 g weiße Kuvertüre mit Mehl, Butter, Zucker und Eigelb rasch zum Mürbeteig verkneten. In Folie wickeln, 1 Std. kühlen.

2 Backofen auf 175° (Umluft 150°) vorheizen. Backblech mit Backpapier auslegen. Teig auf dem Blech 1 cm dick zum Rechteck ausrollen. Im Ofen (Mitte) etwa 15 Min. backen. Noch heiß in dünne Stangen (2 x 7 cm) schneiden. Übrige Kuvertüre getrennt schmelzen und die Stangen mit dünnen Schokolinien verzieren. Trocknen lassen.

Klassiker neu kombiniert

Lemon-Curd-Terrassen

Zuckrig-mürbe Plätzchen gehen mit einer zitronig-säuerlichen Creme eine Liaison ein. Die Verbindung zeigt: Gegensätze ziehen sich nicht nur an, sie ergänzen sich auch.

250 g Mehl
150 g kalte Butter
70 g Puderzucker
1 Pck. Vanillezucker
1 Eigelb (Größe M)
200 g Lemon Curd (aus dem Glas)
2 gestrichene TL Speisestärke
Puderzucker zum Bestäuben

Für ca. 35 Stück | 50 Min. Zubereitungszeit, 1 Std. Kühlen, 10 Min. Backen pro Blech
Pro Stück ca. 95 kcal, 1 g EW, 5 g F, 11 g KH

1 Das Mehl auf die Arbeitsfläche häufen, in die Mitte eine Mulde drücken. Am Rand die Butter in kleinen Flöckchen, den Puderzucker und Vanillezucker verteilen. Das Eigelb in die Mulde geben. Jetzt alles mit der Palette oder dem Messer gut durchhacken und rasch zu einem glatten Mürbeteig verkneten. In Folie wickeln, für etwa 1 Std. in den Kühlschrank legen.

2 Den Backofen auf 175° (Umluft 150°) vorheizen. Das Backblech mit Backpapier auslegen. Den Teig auf einer leicht bemehlten Arbeitsfläche 2–3 mm dick ausrollen. Mit einem runden Ausstecher mit gewelltem Rand (etwa 5 cm ∅) Plätzchen ausstechen. Aus der Hälfte dieser Plätzchen aus der Mitte ein Loch (2–3 cm ∅) ausstechen. Alle drei Formen nach und nach auf das Blech legen und im Ofen (Mitte) in etwa 10 Min. goldgelb backen. Auf einem Kuchengitter auskühlen lassen.

3 Inzwischen das Lemon Curd in einem kleinen Topf mit der Speisestärke verrühren und einmal aufkochen und ein wenig abkühlen lassen.

4 Mit einem Teelöffel jeweils etwas Lemon Curd auf den großen Plätzchen verteilen. Die Plätzchen mit Loch darauf setzen und leicht andrücken. Das Loch mit dem übrigen Lemon Curd auffüllen und die ganz kleinen Plätzchen locker darauf setzen, leicht andrücken. Fein mit Puderzucker bestäuben.

VARIANTEN

Keine Lust auf Lemon Curd (cremige Zitronenmasse aus England, bestehend aus Zucker, Butter, Eiern und reichlich Zitronensaft; gibt es im Glas im Marmeladen- oder Spezialitätenregal in gut sortierten Supermärkten oder Feinkostläden) oder auch mal nicht bekommen? Null Problem: einfach die gleiche Menge Marillen- oder Preiselbeerkonfitüre erhitzen und auf den Plätzchen verteilen. Oder statt dessen 300 g backfertige Mohn- oder Nussmischung nehmen.

TIPP – PLÄTZCHEN FÜLLEN VERY EASY

Wer in Sachen Terrassenfüllen zum Profi avancieren möchte, nimmt keinen Teelöffel dafür, sondern greift zum Einwegspritzbeutel oder dreht sich eine Papiertüte (siehe Erfolgstipps ganz vorne im Buch). Ein einfacher kleiner Gefrierbeutel geht aber genauso. Lemon Curd, Konfitüre oder Marmelade – alles erwärmt – einfüllen, eine kleine Ecke abschneiden und los geht's. Für etwas festere Füllungen wie die Mohn- oder Nussmischung ist diese Methode allerdings nicht geeignet.

vollwertiger Knusperspaß

Paranuss-Spekulatius

200 g Paranusskerne
200 g Weizenvollkornmehl
170 g kalte Butter
100 g Vollrohrzucker
1 Eiweiß (Größe M)
1/4 TL Zimtpulver
je 1 Msp. Nelken-, Piment- und Kardamompulver sowie frisch geriebene Muskatnuss
1 Prise Salz

Für ca. 60 Stück | 1 Std. Zubereitungszeit, 1 Std. Kühlen, 10–15 Min. Backen pro Blech
Pro Stück ca. 60 kcal, 1 g EW, 5 g F, 4 g KH

1 50 g Paranüsse im Blitzhacker fein mahlen, restliche Nüsse mit dem Messer in dünne Späne schneiden. Gemahlene Nüsse mit Mehl, Butter in kleinen Flöckchen, Zucker, Eiweiß und Gewürzen zu einem Mürbeteig verkneten. In Folie wickeln, 1 Std. kühlen.

2 Backofen auf 175° (Umluft 150°) vorheizen. Backblech mit Backpapier auslegen. Teig auf bemehlter Arbeitsfläche 1/2 cm dick auswellen und in beliebigen Formen ausstechen oder ausschneiden.

3 Die Nussspäne auf dem Blech ausstreuen und die Plätzchen darauf legen, leicht andrücken. Im Ofen (Mitte) 10–15 Min. backen.

TIPP – SPEKULATIUS ZUM HINGUCKEN

Ausgestochene Plätzchen wie beschrieben aufs Blech legen. Dann mit Buchstaben-Prägestempeln (Seite 5) Text in den Teig eindrücken oder mit der Küchenreibe oder einem Holzstäben ein Muster formen.

Geheimtipp für Mürbeteigfreaks

Maronenzöpfe

300 g Maronen (Esskastanien; auch gut: vorgegarte Maronen, vakuumverpackt)
150 g feinster Zucker
100 g Mehl | 100 g kalte Butter
1 Prise Salz
1 Eigelb (Größe M)

Für ca. 35 Stück | 1 Std. Zubereitungszeit, 25 Min. Kochen, 2 Std. Kühlen, 20–25 Min. Backen pro Blech
Pro Stück ca. 60 kcal, 1 g EW, 3 g F, 8 g KH

1 Die Maronen samt Schale und 1 EL Zucker in einen Topf geben und mit Wasser bedecken. Aufkochen und in etwa 25 Min. weich kochen. Dann abschrecken, die Schale und die filzige Haut entfernen. Auskühlen lassen.

2 Die Maronen im Blitzhacker fein mahlen, es müssen 150 g ergeben (falls nicht, mit Mehl auffüllen). Die Maronen mit Mehl, Butter in kleinen Flöckchen, 80 g Zucker und Salz zu einem Mürbeteig verkneten. In Folie wickeln, 2 Std. kühlen.

3 Backofen auf 175° (Umluft 150°) vorheizen. Backblech mit Backpapier auslegen. Das Eigelb mit 1–2 TL Wasser verrühren.

4 Den Teig nach und nach in 1/2 cm dicke und 15 cm lange Röllchen formen, die am Ende spitz auslaufen. Vorsichtig in der Mitte zusammenlegen und zu einem Zopf verdrehen.

5 Maronenzöpfe dünn mit dem Eigelb bepinseln und in dem übrigen Zucker wälzen. Auf das Blech legen und im Ofen (Mitte) 20–25 Min. backen.

hinten: Maronenzöpfe | vorne: Paranuss-Spekulatius

Rhapsodie in Nuss und Frucht

Walnuss-Orangen-Riegel

Diese saftigen Teilchen sind ein absulutes Muss, wenn Sie Walnüsse lieben. Gepaart mit Orangensaft und -schale kommt ihr einzigartiges Aroma hier voll zur Geltung.

300 g Walnusskerne
2 große Bio-Orangen
150 g dunkles Weizenmehl (Type 1050)
120 g kalte Butter
150 g brauner Rohrzucker
2 Eier (Größe M)
50 g Honig
150 g Puderzucker

Für ca. 60 Stück | 1 Std. Zubereitungszeit, 1 Std. Kühlen, 30–35 Min. Backen
Pro Stück ca. 85 kcal, 1 g EW, 5 g F, 8 g KH

1 Die Walnüsse im Blitzhacker fein mahlen. Die Orangen heiß waschen, von 1 Orange die Schale fein abreiben. Den Saft von beiden Früchten auspressen.

2 Mehl und 100 g Nüsse auf die Arbeitsfläche häufen, in die Mitte eine Mulde drücken. Am Rand 100 g Butter in kleinen Flöckchen, 50 g Rohrzucker und die Orangenschale verteilen. 1 Ei in die Mulde geben. Alles mit Palette oder dem Messer durchhacken und zu einem Mürbeteig verkneten. In Folie wickeln, für etwa 1 Std. in den Kühlschrank legen.

3 Vom Orangensaft 4 EL für den Guss abnehmen und beiseite stellen. Den Rest mit übrigem Rohrzucker und Honig aufkochen und 5 Min. einkochen lassen. Die restlichen Nüsse untermischen, unter Rühren nochmals aufkochen, dann abkühlen lassen. Dann das übrige Ei unterrühren.

4 Backofen auf 175° (Umluft 150°) vorheizen. Das Backblech mit Backpapier auslegen. Die Hälfte des Teigs auf dem Blech dünn zu einem Rechteck (etwa 18 x 38 cm) ausrollen. Zweite Teighälfte zwischen Backpapier auf die gleiche Größe ausrollen.

5 Die Nussmasse gleichmäßig auf die Teigplatte auf dem Blech streichen. Von der anderen Teigplatte das obere Papier abziehen, Teig auf die Nussmasse legen und auch das andere Papier abziehen. Im Ofen (Mitte) 30–35 Min. backen.

6 Den beiseite gestellten Orangensaft in einem kleinen Topf erhitzen, übrige Butter dazugeben und schmelzen lassen. Puderzucker hinzufügen und alles zu einem glatten Guss verrühren. Sofort auf das noch heiße Gebäck streichen. Auskühlen lassen und in Riegel schneiden (etwa 3 x 4 cm).

VARIANTEN

Wenn Sie nicht nur Walnüsse mögen, sondern sich auch an Pecannüssen, Haselnüssen, Mandeln & Co. nicht satt essen können, sollten Sie sofort die Tauschbörse einleiten. Dazu dann gleich die Orangen durch Zitronen ersetzen, hier aber 3 Stück nehmen. Und auch etwas mehr Rohrzucker oder Honig (Menge nach Geschmack) unter die Nussmasse rühren, da der Zitronensaft saurer ist als der Orangensaft.

Schwarz-Weiß-Optik neu gerollt

Pinienkern-Nougat-Muscheln

50 g Marzipanrohmasse
2 EL Agaven-Dicksaft (aus dem Bio-Laden)
50 g weiche Butter | 1 Eigelb (Größe M)
100 g Mehl | 1 Msp. Backpulver
100 g Nussnougat | 3 EL Pinienkerne

Für ca. 45 Stück | 40 Min. Zubereitungszeit, 2 Std. Kühlen, 8 Min. Backen pro Blech
Pro Stück ca. 40 kcal, 1 g EW, 2 g F, 4 g KH

1 Marzipan klein würfeln, mit Dicksaft mit einer Gabel zu einer cremigen Masse verrühren. Butter und Eigelb mit den Schneebesen des Handrührgeräts cremig rühren, Marzipanmasse unterrühren. Mehl und Backpulver vermischen, dazugeben und alles rasch zu einem glatten Mürbeteig verkneten.

2 Teig zwischen Backpapier dünn zu einem Rechteck (etwa 25 x 30 cm) ausrollen, kurz in den Kühlschrank oder noch besser ins Tiefkühlfach legen. Nougat in einem kleinen Topf schmelzen lassen. Pinienkerne in einer Pfanne goldbraun rösten.

3 Vom Teig das obere Papier abziehen, Nougat gleichmäßig aufstreichen und Pinienkerne darauf streuen. Mit Hilfe des unteren Papiers den Teig von der Längsseite her aufrollen. Die Rolle ins Papier wickeln, 2 Std. kühlen.

4 Den Backofen auf 175° (Umluft 150°) vorheizen. Backblech mit Backpapier auslegen. Die Teigrolle in 1/2 cm dicke Scheiben schneiden, diese aufs Blech legen und leicht in Muschelform drücken. Im Ofen (Mitte) in etwa 8 Min. goldbraun backen.

Knack für Knack ein Hochgenuss

Feine Karamell-Knusperle

150 g Mehl
80 g kalte Butter | 100 g Zucker
2 EL saure Sahne
70 g harte Sahne-Karamell-Bonbons

Für ca. 40 Stück | 30 Min. Zubereitungszeit, 1 Std. Kühlen, 10–15 Min. Backen pro Blech
Pro Stück ca. 40 kcal, 1 g EW, 1 g F, 6 g KH

1 Mehl mit Butter in kleinen Flöckchen, Zucker und saurer Sahne rasch zu einem Mürbeteig verkneten. In Folie wickeln, 1 Std. kühlen.

2 Backofen auf 175° (Umluft 150°) vorheizen. Backblech mit Backpapier auslegen. Bonbons in Mörser oder Küchenmaschine in feine Splitter zerkleinern.

3 Teig auf dem Blech etwa 2 mm dick ausrollen. Dann mit einem Messer in beliebige Formen schneiden, etwa in 3 x 4 cm große Rechtecke. Die Bonbonsplitter gleichmäßig darüber streuen. Im Ofen (Mitte) in 10–15 Min. knusprig backen.

VARIANTE – NUSS-FUDGE-KEKSE

Teig kneten und kühlen. Dann auf dem Blech 3–4 mm dick zu einem Rechteck ausrollen, mit der Gabel mehrmals einstechen, im Ofen (Mitte) etwa 12 Min. backen. 100 g Sahne, 150 g Zucker und 1 EL Honig bei starker Hitze im beschichteten Topf in 8–10 Min. zu einer Karamellmasse einkochen (dabei nicht rühren und nicht zu dunkel werden lassen!). 2 EL Butter darin schmelzen und langsam unterrühren. Nun 50 g gehackte Nüsse (z. B. Mandeln) untermischen. Auf das Gebäck streichen, lauwarm und fester werden lassen, in Würfel schneiden.

hinten: Feine Karamell-Knusperle | vorne: Pinienkern-Nougat-Muscheln

auf Platz 1 der Plätzchen-Top-Ten

Vanillekipferl

Biss für Biss zergehen die Kipferl auf der Zunge und stimulieren sanft und zärtlich die Sinne. Dank der unschlagbaren Vanille – Luxusdroge und Traummagnet in einem.

4 Vanilleschoten
100 g gehäutete gemahlene Mandeln
100 g Wiener Grießler (ersatzweise normales Mehl Type 405)
100 g kalte Butter
80 g Puderzucker
1 Prise Salz
1 Pck. Bourbon Vanillezucker

Für ca. 45 Stück | 30 Min. Zubereitungszeit, 1 Std. Kühlen, 20 Min. Backen pro Blech
Pro Stück ca. 45 kcal, 1 g EW, 3 g F, 4 g KH

1 Die Vanilleschoten der Länge nach aufschlitzen und das Mark herauskratzen. Mit den Mandeln vermischen, dabei zwischen den Händen reiben, so dass sich das Mark gut verteilt.

2 Mehl und Mandeln auf die Arbeitsfläche häufen. Butter in kleinen Flöckchen, 50 g Puderzucker und das Salz darauf verteilen. Jetzt alles mit der Palette oder dem Messer gut durchhacken und rasch zu einem Mürbeteig verkneten. In Folie wickeln, für etwa 1 Std. in den Kühlschrank legen.

3 Den Backofen auf 150° (Umluft 130°) vorheizen. Das Backblech mit Backpapier auslegen. Den Teig nach und nach zu etwa fingerdicken und 4–5 cm langen Rollen formen, die am Ende spitz zulaufen. Auf das Blech legen und zu Hörnchen formen. Im Ofen (Mitte) in etwa 20 Min. hell backen.

4 Vanillezucker mit übrigem Puderzucker in einem kleinen Schüsselchen vermischen. Die Kipferl aus dem Ofen holen, nur ganz kurz ruhen lassen und noch heiß vorsichtig im Zucker wälzen.

VARIANTEN

Nicht nur mit Vanille sind die Kipferl ein Gedicht. Hier weitere Lieblingsrezepte für Sie.

Pistazien-Limetten-Kipferl – 120 g Pistazien in einem Blitzhacker fein mahlen. 1 Bio-Limette heiß waschen und die Schale fein abreiben, den Saft auspressen. 100 g Mehl, Pistazien, Limettenschale, 100 g kalte Butter in kleinen Flöckchen, 50 g Puderzucker und 1 Prise Salz zu einem Mürbeteig verkneten, 1 Std. kühlen. Dann zu Kipferl formen und backen, noch heiß dünn mit dem Limettensaft einpinseln. Auskühlen lassen und mit Puderzucker bestäuben.

Cranberry-Schoko-Kipferl – 100 g gemahlene Haselnüsse in einer Pfanne rösten, bis sie duften, dann auskühlen lassen. Je 50 g getrocknete Cranberries (Nuss- und Fruchtregal) und Vollmilchschokolade fein hacken. Alles mit 100 g Mehl, 100 g kalter Butter in kleinen Flöckchen, 50 g Puderzucker und 1 Prise Salz zu einem Mürbeteig verkneten, 1 Std. kühlen. Dann zu Kipferl formen und backen. Mit Kakaopulver und Puderzucker bestäuben.

TIPP – ALTERNATIV-VANILLEAROMA

Gute Vanilleschoten haben ihren Preis, künstlich hergestelltes Vanillearoma ist günstiger. Davon dann 1 Päckchen oder 1–2 TL nehmen.

Nichts geht ohne: rühren

Heute schon gerührt? Nein, dann nichts wie ran an Schüssel und Handmixer. Denn wer möchte schon Plätzchen verpassen, die jedem auf der Zunge zergehen. Und zudem auch noch nach einem feinen Hauch Vanille und Mandeln schmecken – wie bei meinem extra zarten Lieblingsgebäck.

Heidesand

150 g Mehl
50 g gemahlene Mandeln
150 g weiche Butter
50 g feinster Zucker
3 Pck. Vanillezucker

Für ca. 40 Stück | 20 Min. Zubereitungszeit, 1 Std. Kühlen, 20 Min. Backen pro Blech
Pro Stück ca. 55 kcal, 1 g EW, 4 g F, 5 g KH

1 Den Backofen auf 150° (Umluft 130°) vorheizen. Das Backblech mit Backpapier auslegen. Das Mehl mit den Mandeln vermischen.

2 Die Butter und den Zucker mit den Schneebesen des Handrührgeräts cremig schlagen. Dann die Mehl-Mandel-Mischung auf einmal dazugeben und rasch unter die cremige Masse arbeiten.

3 Mit Hilfe von zwei Teelöffeln vom Teig nach und nach etwas abnehmen und als kleine Häufchen (etwa 2 1/2 cm ∅) aufs Blech setzen.

4 Teighäufchen rund formen und etwas flacher drücken. Im Ofen (Mitte) etwa 20 Min. backen. Dann ganz kurz abkühlen lassen und noch heiß vorsichtig in den Vanillezucker drücken und darin wenden.

Grundrezept Rührteig

Schoko-Vanille-Busserl

Ein echtes Traumpaar: weiße Schokolade und Vanille. Wenn dann noch mürb-krosser Rührteig mit im Spiel ist, ist der Erfolg dieser Busserl bombensicher.

160 g weiße Schokolade
oder Kuvertüre
200 g Mehl
1 TL Backpulver
200 g weiche Butter
100 g Zucker
1 zimmerwarmes Ei (Größe M)
1 Pck. Bourbon Vanillearoma

Für ca. 60 Stück | 50 Min. Zubereitungszeit, 8 Min. Backen pro Blech
Pro Stück ca. 60 kcal, 1 g EW, 4 g F, 5 g KH

1 Schokolade oder Kuvertüre mit einem großen Messer nicht zu fein hacken. Das Mehl mit dem Backpulver vermischen. Den Backofen auf 200° (Umluft 180°) vorheizen. Das Backblech mit Backpapier auslegen.

2 Die Butter und den Zucker mit den Schneebesen des Handrührgeräts kräftig verrühren. Das Ei und das Vanillearoma dazugeben und alles schön cremig schlagen.

3 Dann das Mehl auf einmal dazugeben und rasch unter die cremige Masse arbeiten (Bild 1). Zum Schluss 100 g Schokolade untermischen.

4 Mit Hilfe von zwei Teelöffeln vom Teig nach und nach etwas abnehmen und als kleine Häufchen (etwa 2 cm ∅) aufs Blech setzen.

5 Die Teighäufchen rund formen und etwas flacher drücken. Dann mit einem Holzstäbchen 3–4 Rillen eindrücken (Bild 2), dabei das Stäbchen immer wieder mit Wasser befeuchten oder in etwas Mehl tauchen, damit der Teig nicht anhängt. Im Ofen (Mitte) etwa 8 Min. backen. Auskühlen lassen.

6 Übrige Schokolade oder Kuvertüre im heißen Wasserbad schmelzen. In einen kleinen Gefrierbeutel füllen, eine kleine Ecke abschneiden und Schokolade oder Kuvertüre als dicke Linien in die Rillen der Plätzchen setzen. Fest werden lassen (Bild 3).

TIPP – KLEINES RÜHRTEIG-EINMALEINS

Rührteig ist schnell und einfach gemacht, es gibt nur ein paar Kleinigkeiten, die fürs Gelingen wichtig sind. So sollten Butter und Eier Zimmertemperatur haben, damit sie sich beim Verrühren homogen verbinden und die Eier nicht ausflocken. Deswegen beides rechtzeitig aus dem Kühlschrank nehmen. Vergessen? Macht nichts. Die Eier für etwa 5 Minuten in heißes (aus dem Wasserhahn) Wasser legen. Die Butter klein würfeln und auf die Heizung stellen oder ganz kurz bei geringer Wattzahl in die Mikrowelle schieben. Das war's? Noch nicht ganz. Arbeiten Sie das Mehl unbedingt zügig unter die Buttermasse. Durch zu langes Rühren wird der Teig zäh und klebrig. Darum am besten vorher auch alle trockenen Zutaten wie Backpulver, Gewürze, Nüsse mit dem Mehl mischen.

1

2

3

in der Hauptrolle: Nuss

Nussknacker

200 g gemischte Nusskerne (z. B. Cashewnüsse, Haselnüsse, Mandeln, Macadamianüsse) | 200 g Mehl | 1/2 TL Backpulver | 150 g weiche Butter | 100 g Zucker | 1 zimmerwarmes Ei (Größe M)

Für ca. 40 Stück | 30 Min. Zubereitungszeit, 15 Min. Backen pro Blech
Pro Stück ca. 90 kcal, 1 g EW, 6 g F, 7 g KH

1 Den Backofen auf 175° (Umluft 150°) vorheizen. Das Backblech mit Backpapier auslegen. Die Nüsse grob hacken, Mehl mit Backpulver vermischen. Butter, Zucker und Ei cremig schlagen, das Mehl zügig unterarbeiten. 80 g Nüsse untermischen.

2 Mit Hilfe von zwei Teelöffeln vom Teig nach und nach etwas abnehmen und als kleine Häufchen (etwa 2 cm Ø) aufs Blech setzen. Die übrigen gehackten Nüsse gut eindrücken. Im Ofen (Mitte) etwa 15 Min. backen.

Früchte schließen Freundschaft

Früchte-Plätzchen

je 50 g getrocknete Äpfel und Aprikosen | 3 EL Calvados (ersatzweise Rum oder Apfelsaft) | 100 g weiche Butter | 80 g Zucker | 1 Pck. abgeriebene Zitronenschale | 2 zimmerwarme Eier (Größe M) | 200 g Mehl | Puderzucker zum Bestäuben

Für ca. 40 Stück | 25 Min. Zubereitungszeit, 15 Min. Backen pro Blech
Pro Stück ca. 55 kcal, 1 g EW, 2 g F, 7 g KH

1 Backofen auf 175° (Umluft 150°) vorheizen. Backblech mit Backpapier auslegen. Die Früchte klein würfeln, mit Calvados beträufeln. Butter, Zucker, Zitronenschale und Eier cremig schlagen, Mehl zügig unterarbeiten. Die Früchte untermischen.

2 Mit Hilfe von zwei Teelöffeln vom Teig nach und nach etwas abnehmen und als kleine Häufchen (etwa 2 cm Ø) aufs Blech setzen, nur etwas flacher drücken. Im Ofen (Mitte) etwa 15 Min. backen.

vollwertig im Trend

Müsli-Taler

80 g Vielkorn-Müsli (mit Vollkornflocken, Kernen und Samen) | 70 ml Apfelsaft | 125 g weiche Butter | 100 g Rohrohrzucker | 1 zimmerwarmes Ei (Größe M) | 100 g Weizenvollkornmehl | 50 g gemahlene Mandeln

Für ca. 50 Stück | 25 Min. Zubereitungszeit, 30 Min. Einweichen, 15 Min. Backen pro Blech
Pro Stück ca. 50 kcal, 1 g EW, 3 g F, 4 g KH

1 Müsli und Saft vermischen, 30 Min. einweichen. Dann Backofen auf 175° (Umluft 150°) vorheizen. Backblech mit Backpapier auslegen. Butter, Zucker und Ei cremig schlagen, Mehl und Mandeln zügig unterarbeiten. Das Müsli untermischen.

2 Mit Hilfe von zwei Teelöffeln vom Teig nach und nach etwas abnehmen, als kleine Häufchen (etwa 2 cm ∅) aufs Blech setzen, zu runden flachen Talern drücken. Im Ofen (Mitte) etwa 15 Min. backen.

bitte einmal betören lassen!

Safranseufzer

2 Briefchen Safranpulver | Saft von 1/2 Orange | 150 g Wiener Grießler (ersatzweise normales Mehl Type 405) | 50 g Hartweizengrieß | 1/2 TL Backpulver | 150 g weiche Butter | 150 g Puderzucker | 1 zimmerwarmes Ei (Größe M)

Für ca. 65 Stück | 30 Min. Zubereitungszeit, 12 Min. Backen pro Blech
Pro Stück ca. 40 kcal, 0 g EW, 2 g F, 5 g KH

1 Backofen auf 175° (Umluft 150°) vorheizen. Backblech mit Backpapier auslegen. Safran mit 1 EL Saft verrühren. Mehl, Grieß und Backpulver vermischen. Butter, 100 g Zucker, Ei und angerührten Safran cremig schlagen. Mehlmischung zügig unterarbeiten. Mit Hilfe von zwei Teelöffeln vom Teig nach und nach kleine Nocken abstechen, aufs Blech setzen. Im Ofen (Mitte) etwa 12 Min. backen. Übrigen Saft und Zucker verrühren, mit einem Löffel in dünnen Linien über die Plätzchen laufen lassen.

für Schokoholics

Schoko-Espresso-Brownies

150 g Vollmilch-Kuvertüre
4 zimmerwarme Eier (Größe M)
1 Prise Salz
125 g weiche Butter
125 g Zucker
100 g gemahlene Mandeln
50 g Mehl
2 gestr. EL Instant-Espresso-Pulver
150 g Zartbitter-Kuvertüre

Für ca. 60 Stück
1 Std. Zubereitungszeit, 20 Min. Backen
Pro Stück ca. 70 kcal, 1 g EW, 5 g F, 6 g KH

1 Das tiefe Backblech mit Hilfe von Alufolie auf 20 x 25 cm verkleinern und mit Backpapier auskleiden. Den Backofen auf 175° (Umluft 150°) vorheizen. Vollmilch-Kuvertüre hacken und im heißen Wasserbad schmelzen. Die Eier trennen, Eiweiß mit Salz zu steifem Schnee schlagen.

2 Butter, Zucker und Eigelb cremig schlagen, die geschmolzene Kuvertüre unterrühren. Eischnee, Mandeln, das Mehl und 1 EL Epresso-Pulver locker unterheben. Den Teig gleichmäßig auf das verkleinerte Blech streichen. Im Ofen (Mitte) etwa 20 Min. backen.

3 Gebäck abkühlen lassen und in 3–4 cm große Würfel schneiden. Zartbitter-Kuvertüre hacken und im heißen Wasserbad schmelzen, mit dem übrigen Espresso-Pulver verrühren. Brownies mit der Oberfläche in die Kuvertüre tauchen, fest werden lassen.

Beherrschung zwecklos!

Beschwipste Xmas-Ecken

100 g getrocknete Datteln
100 g kandierte Kirschen
100 g Haselnusskerne
100 g gewürfeltes Orangeat
50 g Rosinen
70 ml Rum
150 g weiche Butter
100 g Zucker
4 zimmerwarme Eier (Größe M)
150 g Mehl

Für ca. 70 Stück
40 Min. Zubereitungszeit, 25–30 Min. Backen
Pro Stück ca. 60 kcal, 1 g EW, 3 g F, 7 g KH

1 Datteln, Kirschen und Haselnüsse grob hacken. Mit Orangeat, Rosinen und Rum mischen. Das tiefe Backblech mit Hilfe von Alufolie auf 24 x 28 cm verkleinern und mit Backpapier auskleiden. Den Backofen auf 175° (Umluft 150°) vorheizen.

2 Butter, Zucker und Eier cremig schlagen. Das Mehl zügig unterarbeiten, die Fruchtmischung untermengen. Den Teig gleichmäßig auf das verkleinerte Blech streichen und im Ofen (Mitte) 25–30 Min. backen.

3 Das Gebäck abkühlen lassen, dann in etwa 4 cm breite Streifen teilen. Die Streifen nun in kleine »Tortenstücke« schneiden.

hinten: Beschwipste Xmas-Ecken | vorne: Schoko-Espresso-Brownies

auch als Deko schön

Weihnachtliche Tannenbäumchen

Der Teig ist zwar schnell gerührt, ein bisschen Zeit und vielleicht auch Geduld sind aber fürs Aufspritzen nötig. Dafür können Sie sich beim Verzieren richtig austoben.

70 g weiche Butter
100 g Zucker
1 Pck. Bourbon Vanillezucker
1 Prise Salz
3 zimmerwarme Eier (Größe M)
150 g Mehl
100 g gemahlene Mandeln
1/2 TL Backpulver
150 g Puderzucker
kleine Kügelchen in verschiedenen Farben zum Verzieren

Für ca. 30 Stück | 50 Min. Zubereitungszeit, 15 Min. Backen pro Blech
Pro Stück ca. 100 kcal, 2 g EW, 4 g F, 13 g KH

1 Den Backofen auf 175° (Umluft 150°) vorheizen. Das Backblech mit Backpapier auslegen. Die Butter mit Zucker, Vanillezucker und Salz cremig rühren. 1 Ei trennen und das Eigelb mit den übrigen Eiern nach und nach unter die Buttermasse rühren. Mehl, Mandeln und Backpulver vermischen, auf einmal dazugeben und rasch unterrühren.

2 Den Teig in einen Spritzbeutel mit Sterntülle (10 mm ∅) füllen und Tannenbäumchen aufspritzen. Dafür nacheinander die Äste und zum Schluss den Stamm aufspritzen, dabei immer wieder in der Mitte ansetzen. Im Ofen (Mitte) in etwa 15 Min. goldbraun backen. Auskühlen lassen.

3 Das übrige Eiweiß mit dem Puderzucker zu einer dickschaumigen weißen Masse schlagen. In einen kleinen Gefrierbeutel, einen Einwegspritzbeutel oder eine selbst gedrehte Papiertüte (siehe Erfolgstipps ganz vorne im Buch) füllen und eine kleine Ecke abschneiden. Jetzt die Masse als »Schnee« auf die Bäumchen spritzen. Mit den Kügelchen weihnachtlich verzieren.

DEKO-TIPPS

Zum Verzieren mit »Schnee« die Bäumchen am besten fast senkrecht aufstellen. Dazu ans Kuchengitter oder an Konservendosen lehnen. Vorher ein Küchentuch oder -papier unterlegen, damit sie nicht wegrutschen können. Dann die weiße Masse vorsichtig aufspritzen und ein wenig nach unten laufen lassen, so dass die Zweige aussehen wie die von dick verschneiten Tannen. Die Kügelchen erst aufsetzen, wenn die Masse leicht angetrocknet ist, damit sie nicht »abrutschen«. Ist Ihnen das zu umständlich? Alternativ einfach die Plätzchen aufs Arbeitsbrett legen und den Schnee nicht laufen lassen.

Möchten Sie die Bäumchen hauptsächlich als Tisch- und Christbaumschmuck einsetzen? Dann am besten noch zusätzlich dekorieren: Marzipan mit Lebensmittelfarbe bunt einfärben, kleine Kerzen formen und in den Schnee auf den Bäumchen stecken. Oder bunte Zuckerstreusel als Limetta auflegen, Zuckersterne und -kugeln als Christbaumschmuck dekorieren.

ungewöhnlich würzig

Kardamom-Orangen-Kringel

100 g weiche Butter
100 g Zucker
2 zimmerwarme Eier (Größe M)
1/2 TL gemahlener Kardamom
1 Prise Salz
abgeriebene Schale von 1/2 Bio-Orange
200 g Mehl
150 g Orangenmarmelade

Für ca. 35 Stück | 35 Min. Zubereitungszeit, 15 Min. Backen pro Blech
Pro Stück ca. 70 kcal, 1 g EW, 3 g F, 10 g KH

1 Den Backofen auf 175° (Umluft 150°) vorheizen. Backblech mit Backpapier auslegen. Butter, Zucker und Eier cremig schlagen. Kardamom, Salz und Orangenschale unterrühren. Das Mehl dazugeben und zügig unterarbeiten.

2 Den Teig in einen Spritzbeutel mit Sterntülle (10 mm ∅) füllen und nach und nach auf das Blech breite Ringe von 4–5 cm ∅ aufspritzen. Im Ofen (Mitte) etwa 15 Min. backen.

3 Inzwischen die Marmelade in einen kleinen Topf geben und erhitzen. Ist sie sehr flüssig, in 3–5 Min. noch etwas einkochen lassen. Die Marmelade warm halten.

4 Plätzchen aus dem Ofen nehmen und mit einem Holzlöffelstiel das Loch in der Mitte etwas tiefer eindrücken. Marmelade in die Vertiefungen füllen, auskühlen lassen.

mit dem Duft von Zimt, Nelke & Co.

Gewürzstreusel-Plätzchen

125 g weiche Butter
150 g Weizenmehl (Type 1050)
130 g Zucker
50 g gemahlene Nüsse (z. B. Haselnüsse, Mandeln, Walnüsse oder auch eine Nussmischung)
2 TL Lebkuchen-Gewürzmischung
1 zimmerwarmes Ei (Größe M)

Für ca. 40 Stück | 30 Min. Zubereitungszeit, 15–20 Min. Backen
Pro Stück ca. 60 kcal, 1 g EW, 4 g F, 6 g KH

1 Für die Streusel 50 g Butter schmelzen lassen. Je 50 g Mehl und Zucker, die Nüsse und das Lebkuchengewürz vermischen. Darauf die Butter ganz langsam einlaufen lassen, dabei mit der Gabel rühren, bis Streusel entstehen. In den Kühlschrank oder, noch besser, ins Tiefkühlfach stellen.

2 Den Backofen auf 175° (Umluft 150°) vorheizen. Backblech mit Backpapier auslegen. Für den Teigboden übrige Butter, restlichen Zucker und das Ei cremig schlagen. Das übrige Mehl dazugeben und zügig unterarbeiten.

3 Den Teig gleichmäßig etwa 1/2 cm dick zu einem Quadrat oder Rechteck aufs Blech streichen. Die kalten Streusel darauf verteilen. Im Ofen (Mitte) 15–20 Min. backen. Dann das Blech herausnehmen und das Gebäck noch heiß in Würfel oder Rechtecke schneiden (z. B. 3 x 3 cm).

hinten: Gewürzstreusel-Plätzchen | vorne: Kardamom-Orangen-Kringel

mit dem besonderen Kick

Pfeffrige Schoko-Cookies

75 g Zartbitter-Schokolade
1 TL rosa Pfefferkörner
150 g Mehl
1/2 TL Backpulver
100 g weiche Butter
100 g Zucker
1 zimmerwarmes Ei (Größe M)

Für ca. 25 Stück | 20 Min. Zubereitungszeit, 15 Min. Backen pro Blech
Pro Stück ca. 85 kcal, 1 g EW, 5 g F, 10 g KH

1 Den Backofen auf 175° (Umluft 150°) vorheizen. Backblech mit Backpapier auslegen. Die Schokolade mit einem großen Messer nicht zu fein, die Pfefferkörner sehr fein hacken. Das Mehl mit dem Backpulver vermischen.

2 Butter, Zucker und Ei cremig schlagen. Pfeffer und Schokolade unterrühren. Das Mehl dazugeben und zügig unterarbeiten.

3 Mit Hilfe von zwei Teelöffeln vom Teig nach und nach etwas abnehmen und als walnussgroße Häufchen aufs Blech setzen. Dann nach Belieben noch etwas runder formen. Im Ofen (Mitte) etwa 15 Min. backen.

VARIANTE

Darf es noch **mehr Schokolade** sein? In diesem Fall nach dem Backen und Auskühlen zusätzlich 50 g Zartbitter-Schokolade im heißen Wasserbad schmelzen und die Cookies zur Hälfte darin eintauchen. Trocknen lassen.

sahnig-mürbe Wonne

Mascarpone-Feigen-Cookies

150 g getrocknete Feigen
100 g Mehl
50 g gehäutete gemahlene Mandeln
1 TL Backpulver
100 g weiche Butter
80 g Zucker
150 g Mascarpone

Für ca. 30 Stück | 25 Min. Zubereitungszeit, 15 Min. Backen pro Blech
Pro Stück ca. 90 kcal, 1 g EW, 6 g F, 9 g KH

1 Den Backofen auf 175° (Umluft 150°) vorheizen. Backblech mit Backpapier auslegen. Die Feigen mit einem großen Messer in kleine Würfel schneiden. Das Mehl mit den Mandeln und dem Backpulver vermischen.

2 Die Butter und den Zucker cremig schlagen, Mascarpone unterrühren. Die Mehlmischung dazugeben und zügig unterarbeiten.

3 Mit Hilfe von zwei Teelöffeln vom Teig nach und nach etwas abnehmen und als walnussgroße Häufchen aufs Blech setzen. Dann nach Belieben noch etwas runder formen. Im Ofen (Mitte) etwa 15 Min. backen.

VARIANTE

Genauso wonnig – statt der Feigen **getrocknete Datteln** nehmen.

hinten: Pfeffrige Schoko-Cookies | vorne: Mascarpone-Feigen-Cookies

Ran an den Schneebesen!

Wie gut, dass es Eier gibt. Ohne sie – oder besser ohne Eiweiß – würde bei Makronen- und Lebkuchenmassen nicht viel laufen. Schlägt man es kräftig auf, entsteht so viel Volumen und Standkraft, dass Mandeln und Zimt locker noch mit drunter passen und daraus Zimtsterne werden, die ganz toll nach Weihnachten duften.

Zimtsterne

3 Eiweiße (Größe M)
4 Pck. Vanillezucker
150 g Puderzucker
1 Prise Salz
500 g gemahlene Mandeln
3 TL Zimtpulver
1 TL Zitronensaft (bei Bedarf)

Für ca. 70 Stück | ⌚ 1 1/4 Std. Zubereitungszeit, 25–30 Min. Backen pro Blech
Pro Stück ca. 55 kcal, 2 g EW, 4 g F, 3 g KH

1 Die Eiweiße mit Vanillezucker, 50 g Puderzucker und Salz in einer Schüssel aus Metall im heißen Wasserbad schlagen, bis eine steife, warme Baisermasse entstanden ist. Dann im kalten Wasserbad kalt schlagen. Etwa 100 g Baisermasse abnehmen, abdecken und beiseite stellen.

2 Den Backofen auf 125° (Umluft 100°) vorheizen. Das Backblech mit Backpapier auslegen. Übrigen Puderzucker mit 400 g Mandeln und Zimt vermischen. Unter die Baisermasse arbeiten, so dass ein formbarer, aber noch feuchter Teig entsteht.

3 Teig nach und nach auf den übrigen Mandeln gut 5 mm dick ausrollen, Sterne ausstechen und auf das Blech legen. Die Sterne mit der beiseite gestellten Baisermasse dick bepinseln (sollte die Masse zu dick sein, mit dem Zitronensaft verrühren). Im Ofen (Mitte) 25–30 Min. backen.

Grundrezept Makronenmasse

Nussmakronen

Richtige Luftikusse sind diese Plätzchen – das zum Baiser geschlagene Eiweiß macht's möglich. Weitere Markenzeichen: eine knusprige Hülle und ein weicher, feuchter Kern.

etwa 30 Backoblaten (50 mm ∅)
250 g gemischte Nusskerne (z. B. Cashewnüsse, Mandeln, Haselnüsse, Walnüsse)
75 g Puderzucker
1 TL Speisestärke
2 Eiweiße (Größe M)
75 g feinster Zucker
1 Prise Salz
1 TL Zitronensaft

Für ca. 30 Stück | 30 Min. Zubereitungszeit, 15–20 Min. Backen pro Blech
Pro Stück ca. 70 kcal, 2 g EW, 4 g F, 8 g KH

1 In einen weiten Topf etwa 5 cm hoch Wasser füllen und erhitzen. In das Waschbecken ebenso hoch eiskaltes Wasser laufen lassen. Den Backofen auf 150° (Umluft 130°) vorheizen. Backblech mit Backpapier auslegen, die Oblaten darauf verteilen.

2 Etwa 50 g Nusskerne für die Dekoration beiseite stellen, den Rest im Blitzhacker fein mahlen. Die gemahlenen Nüsse mit Puderzucker und Speisestärke vermischen.

3 Eiweiße, feinsten Zucker und Salz in eine hohe Schüssel aus Metall (sehr gut ist ein Schlagkessel mit gewölbtem Boden) geben und in den Topf hängen. Mit den Schneebesen des Handrührgeräts schlagen, bis eine weiße, steife und warme Baisermasse entstanden ist (Bild 1). Dabei mit kleinster Stufe beginnen und nach und nach hochschalten.

4 Nun die Schüssel in das kalte Wasser stellen und die Masse kalt schlagen. Dann Zitronensaft und Nussmischung mit der Hand mit dem Schneebesen unter den Baiser heben.

5 Die Makronenmasse mit Hilfe von zwei Teelöffeln auf den Oblaten verteilen (Bild 2). Beiseite gelegte Nusskerne darauf setzen. Im Ofen (Mitte) 15–20 Min. backen, bis die Makronen außen knusprig sind, innen aber noch einen weichen Kern haben (Bild 3).

TIPP – MAKRONENMASSEN-EINMALEINS

Zur Basis von Makronen zählen neben Nüssen oder Marzipan Zucker und Eiweiß, das zum Baiser aufgeschlagen wird. Geschieht das im heißen Wasserbad – wie hier im Rezept –, bleibt die Masse schön stabil und gibt ihre Luftigkeit optimal ans Gebäck weiter. Vorausgesetzt, Sie verwenden sehr frische Eiweiße (nur sie liefern reichlich Volumen) und arbeiten mit absolut fettfreien Geräten (sonst bleibt das Eiweiß weich). Dazu Zucker mit feinster Körnung oder Puderzucker nehmen, der sich gut auflöst.

Wer ohne Wasserbad auskommen mag, schlägt die Eiweiße samt Salz mit den Schneebesen des Handrührgeräts leicht schaumig. Dann feinsten Zucker einrieseln lassen, den Zitronensaft zugeben und alles in 5–8 Min. zu einer festen Baisermasse schlagen. Auch hier bei kleinster Stufe beginnen und nach und nach hochschalten. Jetzt die Nussmischung unterheben. Diese Makronenmasse zerläuft ein wenig.

1

2

3

doppelt hält besser

Erdnussknöpfe

250 g geröstete, leicht gesalzene Erdnusskerne | 1 EL Speisestärke | 60 g Puderzucker | 2 Eiweiße (Größe M) | 2 Pck. Bourbon Vanillezucker | 50 g feinster Zucker | 1 TL Zitronensaft

Für ca. 50 Stück | 25 Min. Zubereitungszeit,
20 Min. Backen pro Blech
Pro Stück ca. 40 kcal, 1 g EW, 2 g F, 3 g KH

1 Den Backofen auf 150° (Umluft 130°) vorheizen. Backblech mit Backpapier auslegen. 200 g Erdnüsse fein mahlen, mit Stärke und Puderzucker mischen. Eiweiße, Vanillezucker, feinsten Zucker und Zitronensaft in 5–8 Min. zur festen Baisermasse schlagen, die Nussmischung unterheben.

2 Die Masse in einen Spritzbeutel mit Lochtülle (10 mm ∅) füllen, flache Häufchen aufspritzen (ca. 3 cm ∅). Je 2 der übrigen Nüsse als »Knopflöcher« auflegen. Im Ofen (Mitte) etwa 20 Min. backen.

besonderer Keksdosen-Schatz

Sesam-Cashew-Häufchen

60 g Cashewnusskerne | 120 g Sesamsamen | 100 g Puderzucker | 2 Eiweiße (Größe M) | 60 g feinster Zucker | 1 Prise Salz

Für ca. 60 Stück | 25 Min. Zubereitungszeit,
30–35 Min. Backen pro Blech
Pro Stück ca. 30 kcal, 1 g EW, 1 g F, 3 g KH

1 Den Backofen auf 125° (Umluft 100°) vorheizen. Backblech mit Backpapier auslegen. Die Nüsse fein mahlen, mit 100 g Sesam und Puderzucker mischen. Eiweiße, feinsten Zucker und Salz im heißen Wasserbad zur warmen, steifen Baisermasse schlagen, dann im kalten Wasserbad kalt schlagen. Die Sesammischung unterheben.

2 Die Masse in einen Spritzbeutel mit Lochtülle (10 mm ∅) füllen, spitze Häufchen aufspritzen (etwa 3 cm ∅). Mit dem übrigen Sesam bestreuen. Im Ofen (Mitte) 30–35 Min. backen.

Aroma pur!

Zitronen-Nuss-Zungen

150 g gemahlene Haselnüsse | 130 g feinster Zucker | 2 Pck. geriebene Zitronenschale | 2 Eiweiße (Größe M) | 1 Prise Salz

Für ca. 55 Stück | 20 Min. Zubereitungszeit, 25 Min. Backen pro Blech
Pro Stück ca. 30 kcal, 1 g EW, 2 g F, 3 g KH

1 Den Backofen auf 125° (Umluft 100°) vorheizen. Backblech mit Backpapier auslegen. Haselnüsse mit 80 g feinstem Zucker und der Zitronenschale mischen. Eiweiße, übrigen feinsten Zucker und Salz im heißen Wasserbad zur warmen, steifen Baisermasse schlagen, dann im kalten Wasserbad kalt schlagen. Die Nussmischung unterheben.

2 Die Masse in einen Spritzbeutel mit Lochtülle (5 mm ∅) füllen, etwa 6 cm lange »Zungen« (Streifen, die an beiden Enden dicker werden) aufspritzen. Im Ofen (Mitte) etwa 25 Min. backen.

starke Frucht in süßer Hülle

Cranberry-Schäumchen

80 g getrocknete Cranberries | 150 g gehäutete gemahlene Mandeln | 125 g Puderzucker | 2 Eiweiße (Größe M) | 1 Prise Salz | 1 TL Zitronensaft

Für ca. 60 Stück | 20 Min. Zubereitungszeit, 10 Min. Backen pro Blech
Pro Stück ca. 30 kcal, 1 g EW, 1 g F, 4 g KH

1 Backofen auf 175° (Umluft 150°) vorheizen. Backblech mit Backpapier auslegen. Cranberries mit den Mandeln im Blitzhacker zerkleinern, mit 50 g Puderzucker mischen. Eiweiße, übrigen Puderzucker, Salz und Zitronensaft im heißen Wasserbad zur warmen, steifen Baisermasse schlagen, dann im kalten Wasserbad kalt schlagen. Nussmischung unterheben.

2 Die Masse in einen Spritzbeutel mit Lochtülle (5 mm ∅) füllen und als Quadrat aufspritzen, dazu immer 3 etwa 4 cm lange Streifen nebeneinander setzen. Im Ofen (Mitte) etwa 10 Min. backen.

Makronen XXL

Kokos-Doppeldecker

150 g Kokosraspel
125 g Puderzucker
2 Eiweiße (Größe M)
1 EL Zitronensaft
1 Prise Salz
150 g Ananaskonfitüre
100 g Zartbitter-Kuvertüre

Für ca. 20 Stück | 35 Min. Zubereitungszeit, 8 Min. Backen pro Blech
Pro Stück ca. 115 kcal, 1 g EW, 6 g F, 14 g KH

1 Den Backofen auf 150° (Umluft 130°) vorheizen. Backblech mit Backpapier auslegen. Die Kokosraspel mit 50 g Puderzucker mischen.

2 Eiweiße mit dem übrigen Puderzucker, Zitronensaft und Salz im heißen Wasserbad zur warmen, steifen Baisermasse schlagen, dann im kalten Wasserbad kalt schlagen. Die Kokosmischung unterheben.

3 Mit Hilfe von zwei Teelöffeln (immer wieder anfeuchten) von der Masse etwas abnehmen und 40 sehr dünne Kreise (etwa 6 cm ∅) auf das Blech streichen. Im Ofen (Mitte) in etwa 8 Min. sehr hell backen. Auskühlen lassen.

4 Die Konfitüre einmal aufkochen und die Hälfte der Plätzchen auf einer Seite damit bestreichen, die übrigen Plätzchen darauf legen und andrücken.

5 Die Kuvertüre grob hacken und im heißen Wasserbad schmelzen. Die Doppeldecker zu einem Drittel eintauchen, Kuvertüre fest werden lassen.

Danke, Amadeus!

Mozartkugeln

100 g gemahlene Mandeln
2 EL Kakaopulver
120 g Puderzucker | 2 Eiweiße (Größe M)
50 g feinster Zucker | 1 Prise Salz
100 g Marzipanrohmasse
100 g Nussnougat

Für ca. 30 Stück | 1 Std. Zubereitungszeit, 20 Min. Backen pro Blech
Pro Stück ca. 75 kcal, 1 g EW, 4 g F, 10 g KH

1 Den Backofen auf 150° (Umluft 130°) vorheizen. Backblech mit Backpapier auslegen. Die Mandeln mit Kakaopulver und 100 g Puderzucker mischen.

2 Eiweiße mit feinstem Zucker und Salz im heißen Wasserbad zur warmen, steifen Baisermasse schlagen, dann im kalten Wasserbad kalt schlagen. Die Mandelmischung unterheben.

3 Die Masse in einen Spritzbeutel mit Lochtülle (5 mm ∅) füllen und 60 kleine Häufchen aufspritzen (nicht größer als 2 cm ∅). Mit feuchten Fingern eventuelle Spitzen flach verstreichen. Im Ofen (Mitte) etwa 20 Min. backen. Auskühlen lassen.

4 Marzipan auf dem übrigen Puderzucker 3 mm dick ausrollen und 30 Kreise in Größe der Schokomakronen ausstechen. Das Nougat schmelzen.

5 Nach und nach die platten Flächen von zwei Makronen mit Nougat bestreichen und zusammensetzen, dabei vorher immer einen Marzipankreis dazwischenlegen. Nougat fest werden lassen. Dazu die Mozartkugeln in Alufolie mit Kuhlen gerade halten, damit die Hälften nicht verrutschen.

hinten: Mozartkugeln | vorne: Kokos-Doppeldecker

so schmeckt Weihnachten

Elisenlebkuchen

50 g Zitronat | 50 g Orangeat
100 g gemahlene Haselnüsse
100 g gemahlene Mandeln | 100 g Mehl
2 geh. TL Lebkuchen-Gewürzmischung
2 EL Rum | 1 TL Hirschhornsalz
200 g Marzipanrohmasse
6 Eiweiße (Größe M) | 40 Oblaten (70 mm ∅)
200 g Rohrohrzucker

Für ca. 40 Stück | 45 Min. Zubereitungszeit, über Nacht Ruhen, 12–15 Min. Backen pro Blech
Pro Stück ca. 95 kcal, 2 g EW, 4 g F, 12 g KH

1 Zitronat und Orangeat feiner hacken und mit Haselnüssen, Mandeln, Mehl und Gewürz mischen. Rum erhitzen und Hirschhornsalz darin auflösen. Marzipan klein würfeln und mit 1 Eiweiß mit der Gabel zu einer cremigen Masse verarbeiten.

2 Das Backblech mit Backpapier auslegen, die Oblaten darauf verteilen. Übrige Eiweiße mit Rohrohrzucker auf höchster Stufe in etwa 5 Min. zu einer dickschaumigen und steifen Baisermasse schlagen. Rum und Marzipan verrühren und mit der Nussmischung unter das Baiser heben.

3 Die Masse auf den Oblaten verteilen (am besten aufspritzen), dabei einen kleinen Rand frei lassen. Über Nacht trocknen lassen. Dann den Backofen auf 175° (Umluft 150°) vorheizen. Die Lebkuchen im Ofen (Mitte) 12–15 Min. backen.

TIPP – DER LETZTE SCHRITT ZUM ORIGINAL

100 g Puderzucker, 2 EL Zitronensaft und 2–3 EL Wasser verrühren und sofort auf die heißen Lebkuchen pinseln.

unwiderstehlich nussig und saftig

Pecannuss-Lebkuchen

50 g Marzipanrohmasse | 1/2 Bio-Zitrone
260 g Pecannusskerne (oder Walnusskerne)
50 g getrocknete Aprikosen
1 TL Backpulver | 1 EL Zimtpulver
je 1/2 TL Piment- und Nelkenpulver
2 Oblaten (120 x 200 mm)
1 Ei (Größe M) | 100 g Rohrohrzucker
100 g Puderzucker | 1 EL Butter

Für ca. 32 Stück | 40 Min. Zubereitungszeit, 30–35 Min. Backen pro Blech
Pro Stück ca. 100 kcal, 1 g EW, 7 g F, 8 g KH

1 Marzipan klein würfeln, Zitrone heiß waschen und die Schale fein abreiben, den Saft auspressen. Alles gründlich verrühren. 200 g Nüsse im Blitzhacker fein mahlen, die Aprikosen klein würfeln, beides mit Backpulver und Gewürzen mischen.

2 Den Backofen auf 150° (Umluft 130°) vorheizen. Backblech mit Backpapier auslegen, die Oblaten darauf legen. Das Ei mit dem Rohrohrzucker auf höchster Stufe in etwa 5 Min. dickschaumig schlagen. Alle anderen vorbereiteten Zutaten unterheben. Masse gleichmäßig auf die Oblaten streichen, dabei keinen Rand frei lassen. Im Ofen (Mitte) 30–35 Min. backen.

3 Den Puderzucker mit 1–2 EL Wasser in einem kleinen Topf verrühren und erhitzen. Die Butter dazugeben und darin schmelzen lassen. Das Blech aus dem Ofen nehmen. Die beiden großen Lebkuchen sofort in jeweils 16 kleinere schneiden, noch heiß mit der Glasur bestreichen und je 1 der übrigen Nüsse darauf setzen. Fest werden lassen.

hinten: Pecannuss-Lebkuchen | vorne: Elisenlebkuchen

Aus der Reihe

Hier hat sich alles vereint, was gerne aus der Reihe tanzt, also nicht zu den Standardteigen gezählt werden mag. Baiser, Lebkuchen- oder Hefeteig, Yufka-Blätter oder Marzipan – auch aus ihnen entstehen Plätzchen, die Adventsgeschichte schreiben. So etwa Florentiner, die uns mit Früchten, Nüssen, Kokos beglücken.

Exotische Florentiner

100 g exotische kandierte Früchte (z. B. Mango, Papaya, Ananas)
50 g getrocknete Cranberries
100 g leicht gesalzene, geröstete Macadamia-Nüsse
100 g Butter
120 g Zucker
50 g Honig
50 g Sahne
50 g Kokosraspel

Für ca. 60 Stück | 45 Min. Zubereitungszeit, 8 Min. Backen pro Blech
Pro Stück ca. 50 kcal, 0 g EW, 3 g F, 4 g KH

1 Den Backofen auf 175° (Umluft 150°) vorheizen. Das Backblech mit Backpapier auslegen. Die exotischen Früchte in kleine Würfel schneiden, mit Cranberries mischen. Macadamia-Nüsse hacken.

2 Die Butter mit Zucker, Honig und Sahne in einen Topf geben und erwärmen. Alles unter Rühren bei starker Hitze 3–5 Min. kochen lassen, bis sich die Masse leicht braun färbt. Die Früchte, Nüsse und Kokosraspel gründlich untermischen.

3 Nach und nach mit Hilfe von zwei Teelöffeln etwas Masse abnehmen und mit reichlich Abstand als kleine Häufchen auf das Blech setzen. Etwas flacher drücken und zu Kreisen (4 cm ∅) formen. Im Ofen (zweite Schiene von oben) etwa 8 Min. backen. Auf dem Blech auskühlen lassen.

TIPP – MASSE WARMHALTEN

Damit Sie die Florentiner-Masse gut mit den Löffeln abnehmen und auf dem Blech formen können, den Topf auf der leicht erwärmten Herdplatte stehen lassen. So bleibt die Masse bis zum Schluss schön geschmeidig.

Lebkuchen mal anders

Honig-Mohn-Kuchen

Das Geschmacks-Geheimnis dieser kleinen Kuchen liegt eindeutig im Honig. Seine zahlreichen Aromen veredeln das Gebäck – gemeinsam mit Mohn – aufs Feinste.

150 g Honig
100 g Rohrohrzucker
50 g Butter
2 EL Rum
1 TL Pottasche
250 g backfertige Mohnmischung
250 g Mehl
2 TL Lebkuchen-Gewürzmischung
1 Ei (Größe M)
Saft von 1 Zitrone
Puderzucker zum Bestäuben

Für ca. 50 Stück | 1 Std. Zubereitungszeit, über Nacht Ruhen, 15–17 Min. Backen pro Blech
Pro Stück ca. 60 kcal, 1 g EW, 2 g F, 10 g KH

1 Den Honig mit Rohrohrzucker und Butter in einen Topf geben und unter Rühren bei starker Hitze erwärmen, bis sich der Zucker gelöst hat. Abkühlen lassen. Den Rum erhitzen und die Pottasche darin auflösen.

2 Honigmischung mit angerührtem Rum, 100 g Mohnmischung, Mehl, Lebkuchengewürz und Ei mit den Knethaken des Handrührgeräts zu einem glatten, leicht klebrigen Teig verarbeiten. Abkühlen lassen, abdecken und über Nacht an einem kühlen Ort (möglichst nicht im Kühlschrank) ruhen lassen.

3 Am nächsten Tag den Backofen auf 175° (Umluft 150°) vorheizen. Das Backblech mit Backpapier auslegen. Den Teig auf einer mit Mehl bestäubten Arbeitsfläche etwa 1/2 cm dick ausrollen, beliebige Formen ausstechen (etwa 5 cm ∅) und auf das Blech legen.

4 Übrige Mohnmischung mit dem Zitronensaft verrühren und mit einem Pinsel auf die Plätzchen streichen. Im Ofen (Mitte) 15–17 Min. backen. Auskühlen lassen und mit Puderzucker bestäuben.

VARIANTEN

Statt mit Zitronensaft den Mohn mit Orangen- oder Limettensaft verrühren und den Rum im Teig durch Orangen- oder Marillenlikör ersetzen. Auch fein: die Mohnmischung durch eine fertige Nussmischung austauschen.

TIPP – WARTEN UNNÖTIG

Normalerweise ist Gebäck aus Honigteig nach dem Backen noch recht hart und muss zusammen mit einem Apfelschnitz oder einigen Stücken Orangenschale in der Dose ein paar Tage ziehen, bevor es gegessen werden kann. Alternativ können Sie es auch offen in einen Raum mit etwas höherer Luftfeuchtigkeit legen.
So oder so holen die Plätzchen sich die nötige Feuchtigkeit, um weich zu werden. Bei unserem Rezept hier übernimmt die Mohnmischung im und auf dem Teig diesen Part. Bestens! Sie können also sofort zugreifen.

Stippvergnügen im Advent

Gewürz-Cantuccini

Der Klassiker aus Italien hier im neuen Kleid: diverse Gewürze und Vanille sind fürs Aroma, Mandeln und Haselnüsse für den Biss, Pistazien für die Farbe verantwortlich.

300 g Mehl
je 1/2 TL Zimt- und Kardamompulver
2 Prisen Nelkenpulver
1 TL Backpulver
1 Bio-Zitrone
2 Eier (Größe M)
100 g Zucker
1 Pck. Bourbon Vanillezucker
60 g Pistazienkerne
100 g Mandeln
50 g Haselnüsse

Für ca. 50 Stück
30 Min. Zubereitungszeit, 25 Min. Backen
Pro Stück ca. 60 kcal, 2 g EW, 3 g F, 7 g KH

1 Backofen auf 175° (Umluft 150°) vorheizen. Backblech mit Backpapier auslegen. Mehl mit Gewürzen und Backpulver mischen. Die Zitrone heiß waschen und die Schale fein abreiben, den Saft auspressen.

2 Die Eier mit dem Zucker und Vanillezucker dickschaumig schlagen, Zitronensaft und -schale unterrühren. Dann Mehl, Pistazien, Mandeln und Haselnüsse im Ganzen darunter arbeiten, so dass ein formbarer, aber noch leicht klebriger Teig entsteht.

3 Teig in drei oder vier gleich große Portionen teilen und auf der bemehlten Arbeitsfläche zu Rollen formen (etwa 3 cm ∅). Die Rollen mit etwas Abstand auf das Blech legen. Im Ofen (Mitte) etwa 25 Min. backen.

4 Dann das Blech aus dem Ofen nehmen und die Gebäckrollen 5 Min. abkühlen lassen. Jetzt leicht schräg in etwa 1 cm dicke Scheiben schneiden (sehr gut geht das mit einem Sägemesser). Die Scheiben nebeneinander wieder aufs Blech legen und weitere 15 Min. backen und trocknen lassen.

VARIANTE – FRÜCHTE-WALNUSS-CANTUCCINI

1/2 Bio-Orange heiß waschen und die Schale fein abreiben, den Saft auspressen. 300 g Mehl mit 1 TL Backpulver mischen. 2 Eier (Größe M) mit 150 g Zucker dickschaumig schlagen, Orangensaft und -schale unterrühren. Dann Mehl mit 100 g Walnusskernen und 80 g getrockneten Früchten (z. B. Kirschen, Korinthen, Cranberries) darunter arbeiten. Den Teig wie beschrieben rollen, backen, schneiden und nochmals backen.

GUT ZU WISSEN

Cantuccini isst man in der Toskana (daher stammen sie ursprünglich) gerne zum Abschluss eines Essens als Dessert. Da sie trocken und recht knusprig gebacken werden, taucht man sie dazu immer wieder in Vin Santo, einen Dessertwein. Mittlerweile sind die Kekse nicht nur in ganz Italien beliebt, sondern auch bei uns. Im Original stecken neben Mehl, Zucker und Eiern als Basis ausschließlich Mandeln, in unserer weihnachtlichen Abwandlung noch mehr. Die Gewürz-Cantuccini am besten in Cappuccino mit Schuss, heiße Schokolade mit Sahnehaube oder auch mal Grog oder Glühwein stippen.

himmlische Knusperstückchen

Mandel-Honig-Rauten

1 Vanilleschote
60 g Butter | 100 g Honig
100 g Mandelblättchen
2 geh. TL Speisestärke
1 Pck. abgeriebene Orangenschale
6 dreieckige Yufka- oder Filo-Teigblätter (90 g; aus dem türkischen oder griechischen Lebensmittelladen, Kühlregal)

Für ca. 50 Stück | 20 Min. Zubereitungszeit, 8 Min. Backen pro Blech
Pro Stück ca. 35 kcal, 1 g EW, 2 g F, 3 g KH

1 Den Backofen auf 175° (Umluft 150°) vorheizen. Backblech mit Backpapier auslegen. Die Vanilleschote längs aufschlitzen und das Mark herauskratzen.

2 Butter und Honig in einen Topf geben und unter Rühren 2–3 Min. bei starker Hitze kochen lassen. Vanillemark, Mandeln, Speisestärke und Orangenschale gut untermischen. Auf dem Herd warmhalten, damit sich die Masse gut verteilen lässt.

3 Die Yufka-Blätter mit etwas Wasser besprühen, damit sie sehr biegsam werden. 4 Teigblätter dünn und gleichmäßig mit der Nuss-Honig-Masse bestreichen. Je 2 der Blätter aufeinander setzen und mit 1 frischen Teigblatt abdecken, gut zusammendrücken und mit der Küchenschere zuerst in etwa 3 cm breite Streifen und dann in etwa 4 cm lange Rauten schneiden. Auf das Blech legen und im Ofen (Mitte) in etwa 8 Min. knusprig backen.

hoch gestapelt

Marzipan-Quitten-Türmchen

200 g Marzipanrohmasse
100 g weiche Butter
200 g Hartweizengrieß + Grieß zum Ausrollen
1 TL Backpulver
100 g Quittengelee
Puderzucker zum Bestäuben

Für ca. 50 Stück | 45 Min. Zubereitungszeit, 10–12 Min. Backen pro Blech
Pro Stück ca. 50 kcal, 1 g EW, 3 g F, 6 g KH

1 Den Backofen auf 175° (Umluft 150°) vorheizen. Backblech mit Backpapier auslegen. Das Marzipan in kleine Würfel schneiden und mit der Butter cremig verrühren. Den Grieß und das Backpulver vermischen, dazugeben und alles zu einem glatten Teig verkneten.

2 Den Teig auf der mit Grieß bestreuten Arbeitsfläche 2–3 mm dick ausrollen. Aus dem Teig nicht zu große, beliebige Formen (3–4 cm Ø, z. B. Kreise, Herzen, Quadrate) ausstechen.

3 Das Gelee in einem kleinen Topf erwärmen und flüssig werden lassen. Je 1–2 Plätzchen mit Gelee bestreichen und aufeinandersetzen, mit einem unbestrichenen Plätzchen abdecken. Im Ofen (Mitte) 10–12 Min. backen. Auskühlen lassen und mit Puderzucker bestäuben.

hinten: Mandel-Honig-Rauten | vorne: Marzipan-Quitten-Türmchen

Star-Auftritt der zuckrigen Art

Anis-Schneeflocken

Ganz zart fallen diese Flocken vom weihnachtlichen Bäckerhimmel, wenn man dort die luftig-weiße Masse mit ruhiger Hand zu feinen Schneekristallen aufgespritzt hat.

1 Eiweiß (Größe M)
75 g feinster Zucker
1 Prise Salz
1 Spritzer Zitronensaft
1 gestr. TL Speisestärke
1 gestr. TL Anispulver

Für ca. 40 Stück |
50 Min. Zubereitungszeit, 2–4 Std. Trocknen
Pro Stück ca. 8 kcal, 0 g EW, 1 g F, 2 g KH

1 In einen weiten Topf 3–4 cm hoch Wasser füllen und erhitzen. In das Waschbecken ebenso hoch eiskaltes Wasser laufen lassen. Zwei bis drei Backbleche mit Backpapier auslegen.

2 Das Eiweiß mit Zucker und Salz in eine hohe Schüssel aus Metall (sehr gut ist ein Schlagkessel mit gewölbtem Boden) geben und in den Topf hängen. Mit den Schneebesen des Handrührgeräts schlagen, bis eine weiße, steife und warme Baisermasse entstanden ist. Dabei mit kleinster Stufe beginnen und nach und nach hochschalten.

3 Nun die Schüssel in das kalte Wasser stellen und die Masse kalt schlagen. Dann Zitronensaft dazugeben, Speisestärke und Anis darüber sieben, alles unter die Baisermasse heben.

4 Baisermasse entweder in einen Spritzbeutel mit feiner Lochtülle füllen oder in eine selbst gedrehte Papierspritztüte (siehe Erfolgstipps ganz vorne im Buch) oder einen Einwegspritzbeutel geben und eine kleine Ecke abschneiden. Dann die Masse als Schneeflocken auf die Bleche »malen«. Dabei die Linien nicht zu dünn ziehen, da die fertigen Flocken sonst leicht brechen. Die Bleche in den Ofen (60°, Umluft 40°) schieben (Einschubhöhe ist hier egal) und die Flocken in 2–4 Std. (je nach Dicke) gut durchtrocknen lassen.

TIPP – AUFSPRITZEN LEICHT GEMACHT

Damit das Aufspritzen bei komplizierten Mustern einfacher geht, am besten vorher aus Papier oder dünner Pappe eine Schablone anfertigen. Diese dann aufs Backpapier legen und die Flocken aufzeichnen, dann nach der Vorlage die Masse aufspritzen. Oder die Schablone unter das Papier legen, die Masse danach »aufmalen«, Schablone an eine neue freie Stelle ziehen und fortfahren. Simple Formen können Sie jederzeit aus dem Handgelenk aufs Blech bringen.

DEKO-TIPPS

Sie meinen, die Schneeflocken sollen noch hübscher aussehen? Na dann verpassen Sie ihnen doch ein zuckriges Kleid. Nach dem Aufspritzen der Baisermasse die Flocken mit Zucker (weiß oder auch bunt) bestreuen. Wer möchte, kann sie gerne zudem mit silbrigen oder goldenen Kügelchen verzieren. Diese vorsichtig in die Masse eindrücken. Bleche in den Ofen schieben und die Flocken trocknen lassen.

Hommage ans Dresdner Original

Kleine Stollenbissen

»Kein Weihnachten ohne Stollen«, sagte meine Oma. Und Recht hatte sie, so gut wie ihr Rezept war. Auf dieser Seite eine Abwandlung ihres Originals – Biss für Biss köstlich.

150 g Mandeln
200 g Rosinen
75 g Zitronat
50 g Orangeat
1 EL Bittermandelaroma
80 ml Rum
250 g Mehl
1/2 Würfel frische Hefe (21 g)
150 g Puderzucker
200 g Butter
50 g Gänseschmalz (ersatzweise Butter)
1 zimmerwarmes Ei (Größe M)

Für ca. 40 Stück | 30 Min. Zubereitungszeit, über Nacht Ziehen, 30 Min. Backen
Pro Stück ca. 100 kcal, 2 g EW, 4 g F, 15 g KH

1 Die Mandeln fein hacken und mit Rosinen, Zitronat, Orangeat, Bittermandelaroma und Rum mischen. Abdecken und über Nacht ziehen lassen.

2 Am nächsten Tag Mehl in eine große Schüssel geben, in die Mitte eine Mulde drücken. Die Hefe zerbröckeln, mit 1 TL Puderzucker und 2 EL lauwarmem Wasser verrühren und flüssig werden lassen. In die Mulde gießen, mit wenig Mehl bestäuben und abgedeckt an einem warmen Ort etwa 15 Min. gehen lassen.

3 Inzwischen den Backofen auf 175° (Umluft 150°) vorheizen. Das tiefe Backblech mit Hilfe von Alufolie auf 22 x 28 cm verkleinern und mit Backpapier auskleiden. 100 g Butter und das Gänseschmalz in einem kleinen Topf zerlassen.

4 Nach der Gehzeit die Fruchtmischung, 50 g Puderzucker, das zerlassene Fett und das Ei zum Mehl geben und alles mit den Knethaken des Handrührgeräts kräftig verkneten. Den Teig etwa 1 1/2 cm hoch auf das verkleinerte Blech streichen. Im Ofen (Mitte) etwa 30 Min. backen.

5 Übrige Butter wieder schmelzen. Das Blech aus dem Ofen nehmen und das Stollengebäck noch heiß mit etwas Butter einpinseln und mit ein wenig vom übrigen Puderzucker bestäuben. Einziehen lassen, mit Butter beträufeln und mit Puderzucker bestäuben. So fortfahren, bis die ganze Butter verbraucht, aber noch etwas Zucker da ist. Dann sofort sehr gut mit Alufolie abdecken und über Nacht ziehen lassen.

6 Anschließend das Stollengebäck mit dem restlichen Puderzucker bestäuben und in etwa 3 x 4 cm große Rechtecke schneiden.

TIPP

Das Gänseschmalz ist das Tüpfelchen auf dem »i«, wenn es um den echten Stollengeschmack geht, zumindest meiner Großmutter nach. Wer es aber nicht extra kaufen mag, kann statt dessen auch Butter nehmen.

Zum Gebrauch
Damit Sie Rezepte mit bestimmten Zutaten noch schneller finden können, stehen in diesem Register zusätzlich auch beliebte Zutaten wie **Mandeln** oder **Schokolade** – ebenfalls alphabetisch geordnet und **hervorgehoben** – über den entsprechenden Rezepten.

A

B

C

D/E

F

G

H/I

K

L

M

DAS ORIGINAL MIT GARANTIE

Ihre Meinung ist uns wichtig. Deshalb möchten wir Ihre Kritik, aber auch Ihr Lob erfahren, um als führender Ratgeberverlag noch besser zu werden. Darum schreiben Sie uns! Wir freuen uns auf Ihre Post und wünschen Ihnen viel Spaß mit Ihrem GU-Ratgeber.

Unsere Garantie: Sollte ein GU-Ratgeber einmal einen Fehler enthalten, schicken Sie uns das Buch mit einem kleinen Hinweis und der Quittung innerhalb von sechs Monaten nach dem Kauf zurück. Wir tauschen Ihnen den GU-Ratgeber gegen einen anderen zum selben oder ähnlichen Thema um.

GRÄFE UND UNZER VERLAG

Redaktion Kochen & Verwöhnen

Postfach 86 03 13
81630 München
Fax: 089/41981-113

oder schreiben Sie uns eine E-Mail an:
leserservice@graefe-und-unzer.de

Die Temperaturangaben bei Gasherden variieren von Hersteller zu Hersteller. Welche Stufe Ihres Herdes der jeweils angegebenen Temperatur entspricht, entnehmen Sie bitte der Gebrauchsanweisung. Bei Elektroherden können die Backzeiten je nach Herd variieren.

Programmleitung: Doris Birk
Leitende Redakteurin: Birgit Rademacker
Redaktion: Tanja Dusy
Lektorat: Cornelia Schinharl
Herstellung/DTP: Redaktionsbüro Christina Kempe, München
Layout, Typografie und Umschlaggestaltung: independent Medien-Design, München
Herstellung: Martina Müller
Reproduktion: Repro Ludwig, Zell am See
Druck und Bindung: Appl, Wemding

ISBN (10) 3-8338-0320-7
ISBN (13) 978-3-8338-0320-8

Auflage	5.	4.	3.	2.	
Jahr	2010	09	08	07	06

GRÄFE UND UNZER

Ein Unternehmen der
GANSKE VERLAGSGRUPPE

Die Autorin

Christina Kempe tobt sich gerne beim Backen aus, vor allem wenn das, was dabei herauskommt, einfach gemacht und umwerfend lecker zugleich ist. Sollte der Ofen mal nicht auf Hochtouren laufen, schreibt, gestaltet und lektoriert sie Bücher in ihrem Redaktionsbüro in München oder macht im Fotostudio Kuchen, Torten, Plätzchen & Co. schick für die Kamera.

Der Fotograf

Klaus-Maria Einwanger ist selbstständiger Fotograf in Rosenheim. Vor Ort und im Ausland arbeitet er für Zeitschriften, Buchverlage und Werbeagenturen. Kreativ setzt er dabei Food-Spezialitäten aus aller Welt perfekt ins Bild. Sven Dittmann, Foodstylist, unterstützte ihn tatkräftig bei diesem Projekt

Bildnachweis:

Titelfoto: Joerg Lehmann, Paris; alle anderen: Klaus-Maria Einwanger, Rosenheim

Titelbildrezept:

Mürbe »Tannenbäumchen« von Seite 10

GU-EXPERTEN-SERVICE
Haben Sie Fragen zu den Rezepten oder benötigen Sie weiteren Rat zum Thema? Dann schreiben Sie uns. Unsere Experten helfen Ihnen gerne weiter. Unsere Adresse finden Sie links.

Kochlust pur

Die neuen KüchenRatgeber – da steckt mehr drin

ISBN (10) 3-8338-0312-6
ISBN (13) 978-3-8338-0312-3
64 Seiten

ISBN (10) 3-8338-0310-X
ISBN (13) 978-3-8338-0310-9
64 Seiten

ISBN (10) 3-8338-0319-3
ISBN (13) 978-3-8338-0319-2
64 Seiten

Preis je Band: 7,50 €

ISBN (10) 3-8338-0307-X
ISBN (13) 978-3-8338-0307-9
64 Seiten

ISBN (10) 3-8338-0322-3
ISBN (13) 978-3-8338-0322-2
64 Seiten

ISBN (10) 3-8338-0314-2
ISBN (13) 978-3-8338-0314-7
64 Seiten

Änderungen und Irrtum vorbehalten.

Das macht sie so besonders:

Neue mmmh-Rezepte – unsere beste Auswahl für Sie

Praktische Klappen – alle Infos auf einen Blick

Die 10 GU-Erfolgstipps – so gelingt es garantiert

GU

Willkommen im Leben.

Plätzchen zum Verschenken schön

Hübsch »ummantelt« ziehen Kekse nicht nur Aufmerksamkeit auf sich, sondern sind auch gleich gegessen. Sollen sie aber etwas länger halten, unbedingt luftdicht verpacken!

Wichtig: stabile Höhe Gut für zerbrechliche, flache, große Plätzchen, vor allem wenn sie in Schokolade getaucht wurden (zum Beispiel die Cookies von Seite 36 oder die Kokos-Doppeldecker von Seite 44). Eine höhere Pappschachtel mit Pergamentpapier so auslegen, dass an allen Rändern das Papier großzügig überlappt. Kekse hochkant in Reihen einschichten, dazwischen je ein Stück vom Papier in passender Größe legen. Überstehende Ränder umklappen, Deckel auflegen. Voilà!

Eingetütet Eine Butterbrottüte nach Belieben weihnachtlich bunt bemalen und die Plätzchen einfüllen. Oder auf Cellophantüten mit Kunstschnee (aus der Sprühdose) Sterne und Schneeflocken aufsprühen und mit den Keksen befüllen. Tüten mit Bastband, bunter Kordel oder einem feinen Draht verschließen. Und wer mag, hängt noch einen extra Keks mit dran (siehe Seite 65, rechts oben).

Zweitverwertung erwünscht Eine oder mehrere Plätzchensorten in eine Gugelhupfform, ein Einmachglas, eine Glasvase, einen Bambus-Dämpfkorb oder ein anderes Gefäß füllen, das nicht nur Verpackung sein darf, sondern später auch noch »andere Dinge erledigen« kann. Ein Geschenk im Doppelpack sozusagen.